한글 펜글씨 교본

"우리말 손글씨"

도서출판

한글 펜글씨 교본

우리말 손글씨

초판 발행 · 2019년 9월 25일
초판 4쇄 발행 · 2023년 1월 15일

지은이 편집부
펴낸이 이강실
펴낸곳 도서출판 큰그림
등 록 제2018-000090호
주 소 서울시 마포구 양화로 133 서교타워 1703호
전 화 02-849-5069
팩 스 02-6004-5970
이메일 big_picture_41@naver.com

디자인 예다움
인쇄와 제본 미래피앤피

가격 6,000원
ISBN 979-11-964590-6-2 13710

머리말

가지런하게 또박또박 잘 쓴 글씨체는 읽는 사람의 마음을 편안하게 합니다. 예쁘게 쓴 손편지를 받으면 마음이 저절로 따뜻해지죠. 우리 주변에는 청소년과 성인 모두 손글씨에 자신 없는 분들이 많습니다. 게다가 요즘에는 손글씨보다 워드 문서 작성이 일반화되어 있어서 글씨가 못나져 손글씨에 관심을 갖고 손글씨 연습장을 찾는 분들이 많습니다.

<한글 펜글씨 교본 **우리말 손글씨**>에서는 손글씨 연습과 함께 평소에 자주 쓰지 않은 아름다운 '순우리말'을 함께 연습할 수 있도록 '우리말 쓰기'를 접목했습니다. 정갈하고 단정한 '정자체'와 멋스런 '흘림체' 연습을 통해 개성 있는 자신만의 글씨를 만들어 보고, '순우리말 쓰기' 연습으로 부족한 우리말 실력을 한층 높여 주세요.

처음부터 끝까지 천천히 그리듯이 따라 쓰다 보면 나만의 자신 있는 글씨체를 만날 수 있을 것입니다.

도서출판 큰그림 편집부

이 책을 보는 법

정자체 연습

❶ 기본 정자체 쓰기 연습의 처음 시작입니다. '가~하(자음+모음, 자음+모음+받침)'까지 3번씩 쓰면서 정자체의 기본기를 연습하세요.

기본 정자체 연습
(자음 + 모음)

가	가		거	거		고
나	나		너	너		노
다	다		더	더		도
라	라		러	러		로
마	마		머	머		모
바	바		버	버		보

❷ '정자체'로 아름다운 순우리말을 쓰면서 연습합니다.
'가~하'까지 따라 쓰면서 단어마다 해설을 읽어 보며 뜻을 알아봅니다.

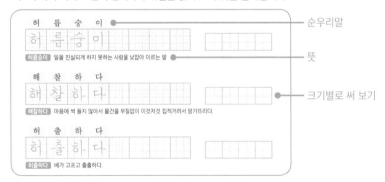

허 룸 숭 이 ●——————— 순우리말
허 룸 숭 이
허룸숭이 일을 진실되게 하지 못하는 사람을 낮잡아 이르는 말 ——— 뜻

해 찰 하 다
해 찰 하 다 ●——————— 크기별로 써 보기
해찰하다 마음에 썩 들지 않아서 물건을 부질없이 이것저것 집적거려서 망가뜨리다.

허 출 하 다
허 출 하 다
허출하다 배가 고프고 출출하다.

❸ '정자체'로 문장을 써 봅니다.
아름다운 시를 필사하며 완성되어 가는 나만의 정자체를 느껴 보세요.

기본 정자체
이상화 님의 '비 갠 아침' 따라 쓰기

글자크기 세로 7mm

밤이 새도록 퍼붓던 그 비도 그치고
밤이 새도록 퍼붓던 그 비도 그치고

2번씩 써 보기 ——

동편 하늘이 이제야 불그레하다.
동편 하늘이 이제야 불그레하다.

기다리는 듯 고요한 이 땅 위로
기다리는 듯 고요한 이 땅 위로

캘리서체
흘림체 연습

❶ 흘림체로 '가~하(자음+모음, 자음+모음+받침)'까지 3번씩 쓰면서 개성 있는 흘림체를 연습합니다.

흘림체 연습
(자음+모음)

가	가		거	거		고
나	나		너	너		노
다	다		더	더		도
라	라		러	러		로
마	마		머	머		모
바	바		버	버		보

❷ '흘림체'로 아름다운 순우리말을 쓰면서 연습합니다. '가~하'까지 따라 쓰면서 단어마다 해설을 읽어 보며 뜻을 알아봅니다.

순우리말

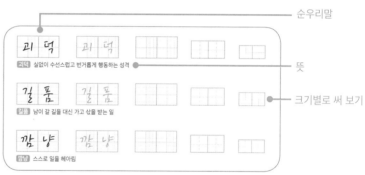

괴덕	괴덕			
괴덕 실없이 수선스럽고 번거롭게 행동하는 성격				
길품	길품			
길품 남이 갈 길을 대신 가고 삯을 받는 일				
깜냥	깜냥			
깜냥 스스로 일을 헤아림				

뜻

크기별로 써 보기

❸ '흘림체'로 문장을 써 봅니다.
짧고 긴 속담을 써 보며 완성되어 가는 나만의 흘림체를 느껴 보세요.

흘림체
우리 속담 따라 쓰기

글자 크기 세로 7mm

가는 날이 장날이다
가는 날이 장날이다

생각지도 않은 일이 우연히 들어맞을 때

가는 말이 고와야 오는 말이 곱다
가는 말이 고와야 오는 말이 곱다

내가 남에게 좋게 대해야 남도 나에게 좋게 대한다

가는 토끼 잡으려다 잡은 토끼 놓친다

❹ 개성 있는 나만의 서체로 손편지를 적어 봅니다.

흘림체
새해 인사말 따라 쓰기

새해에는
행운과 평안이
가득하기를
기원합니다.

새해에는
소망하는 일
모두 이루세요!

5

차 례

캘리서체

흘림체
연습

가볍게 선 긋기 연습

정자체 연습

세종대왕기념사업회에서 개발한 '정자체'로 정갈하고 아름다운 한글을 그리듯이 따라 쓰면서 '순우리말'과 '아름다운 시'를 필사하고 서체 연습을 해 봅니다.

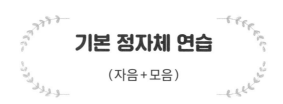

기본 정자체 연습

(자음+모음)

가	가			거	거			고	고	
나	나			너	너			노	노	
다	다			더	더			도	도	
라	라			러	러			로	로	
마	마			머	머			모	모	
바	바			버	버			보	보	
사	사			서	서			소	소	
아	아			어	어			오	오	
자	자			저	저			조	조	
차	차			처	처			초	초	
카	카			커	커			코	코	
타	타			터	터			토	토	
파	파			퍼	퍼			포	포	
하	하			허	허			호	호	

구	구				규	규				궈	궈		
누	누				뉴	뉴				눠	눠		
두	두				듀	듀				둬	둬		
루	루				류	류				뤄	뤄		
무	무				뮤	뮤				뭐	뭐		
부	부				뷰	뷰				붜	붜		
수	수				슈	슈				쉬	쉬		
우	우				유	유				워	워		
주	주				쥬	쥬				줘	줘		
추	추				츄	츄				춰	춰		
쿠	쿠				큐	큐				쿼	쿼		
투	투				튜	튜				퉈	퉈		
푸	푸				퓨	퓨				풔	풔		
후	후				휴	휴				훠	훠		

기본 정자체 연습

(자음＋모음＋받침)

각	각		건	건		결	결
낙	낙		낭	낭		낱	낱
닥	닥		던	던		닸	닸
락	락		랄	랄		룰	룰
막	막		맡	맡		멀	멀
박	박		밥	밥		밭	밭
삭	삭		선	선		삵	삵
악	악		완	완		왈	왈
작	작		젖	젖		잘	잘
착	착		철	철		찹	찹
칵	칵		칸	칸		칼	칼
탁	탁		탐	탐		털	털
팍	팍		팜	팜		팡	팡
학	학		헌	헌		형	형

값	값			곽	곽			끌	끌		
녹	녹			늘	늘			눴	눴		
듬	듬			댁	댁			떨	떨		
랐	랐			랠	랠			렘	렘		
밑	밑			맵	맵			뭔	뭔		
벗	벗			봤	봤			빵	빵		
숱	숱			썰	썰			쑥	쑥		
왠	왠			웹	웹			웜	웜		
잤	잤			잼	잼			쭛	쭛		
촬	촬			찼	찼			칡	칡		
컵	컵			켰	켰			콸	콸		
툭	툭			툇	툇			툈	툈		
폈	폈			필	필			펀	펀		
훌	훌			힘	힘			홱	홱		

기본 정자체
순우리말 '가' 쓰기

가 살   가 살

가살 말씨나 행동이 간사하고 얄미움

게 염   게 염

게염 부러워하고 시샘하여 탐내는 마음

곌 딴   곌 딴

곌딴 일이나 물건 등이 완전히 망가져서 도무지 손을 쓸 수 없게 된 상태

고 뿔   고 뿔

고뿔 '감기'를 말하는 우리의 고유어

길 섶   길 섶

길섶 길의 가장자리. 흔히 풀이 나 있는 곳을 가리킨다.

꼲 다   꼲 다

꼲다 잘잘못을 따져서 평가하다.

꽃 샘   꽃 샘

꽃샘 이른 봄, 꽃이 필 무렵에 갑자기 날씨가 추워짐

가 재 기 가 재 기

가재기 튼튼하게 만들지 못한 물건

걸 태 질 걸 태 질

걸태질 염치나 체면을 차리지 않고 재물 등을 마구 긁어모으는 일을 낮잡아 이르는 말

곧 추 다 곧 추 다

곧추다 굽은 것을 곧게 바로잡다.

곰 파 다 곰 파 다

곰파다 사물이나 일의 속내를 알려고 자세히 찾아보고 따지다.

굼 닐 다 굼 닐 다

굼닐다 몸이 굽어졌다 일어섰다 하거나 몸을 굽혔다 일으켰다 하다.

궁 따 다 궁 따 다

궁따다 시치미를 떼고 딴소리를 하다.

그 루 잠 그 루 잠

그루잠 깨었다가 다시 든 잠

껅 지 다 껅 지 다

껅지다 성격이 억세고 꿋꿋하며 용감하다.

끄 나 풀 끄 나 풀

끄나풀 길지 않은 끈의 나부랭이. / 남의 앞잡이 노릇을 하는 사람을 낮잡아 이르는 말

가 납 사 니

가납사니

가납사니 쓸데없는 말을 지껄이기 좋아하는 수다스러운 사람

가 늠 하 다

가늠하다

가늠하다 목표나 기준에 맞고 안 맞음을 헤아려 보다.

가 리 사 니

가리사니

가리사니 사물을 판단할 만한 지각(知覺)

가 시 버 시

가시버시

가시버시 '부부'를 낮잡아 이르는 말

가 재 걸 음

가재걸음

가재걸음 뒷걸음질하는 걸음

갈 마 보 다

갈마보다

갈마보다 양쪽을 번갈아 보다.

감 잡 히 다

감잡히다

감잡히다 남과 시비를 다툴 때 약점을 잡히다.

겨	끔	내	기

겨끔내기

겨끔내기 서로 번갈아 하기

곰	살	궂	다

곰살궂다

곰살궂다 태도나 성질이 부드럽고 친절하다.

구	성	지	다

구성지다

구성지다 천연스럽고 구수하며 멋지다.

구	어	박	다

구어박다

구어박다 한곳에서 꼼짝 못 하고 지내거나 그렇게 하다.

그	느	르	다

그느르다

그느르다 돌보고 보살펴 주다.

깨	단	하	다

깨단하다

깨단하다 오랫동안 생각하지 못하던 일 등을 어떠한 실마리 때문에 깨닫거나 분명히 알다.

끌	끌	하	다

끌끌하다

끌끌하다 마음이 맑고 바르며 깨끗하다.

가	동	거	리	다
가	동	거	리	다

가동거리다 어린아이의 겨드랑이를 치켜들고 올렸다 내렸다 하며 어를 때에, 아이가 다리를 오그렸다 폈다 하다.

각	다	분	하	다
각	다	분	하	다

각다분하다 일을 해 나가기가 힘들고 고되다.

개	구	멍	받	이
개	구	멍	받	이

개구멍받이 남이 개구멍으로 들이밀거나 대문 밖에 버리고 가서 데려와 기른 아이

거	슴	츠	레	하	다
거	슴	츠	레	하	다

거슴츠레하다 졸리거나 술에 취해서 눈이 흐리멍덩하며 거의 감길 듯하다.

곰	상	스	럽	다
곰	상	스	럽	다

곰상스럽다 성질이나 행동이 싹싹하고 부드러운 데가 있다.

굴	침	스	럽	다
굴	침	스	럽	다

굴침스럽다 어떤 일을 억지로 하려고 애쓰는 듯하다.

끄	느	름	하	다
끄	느	름	하	다

끄느름하다 날이 흐리어 어둠침침하다.

기본 정자체

순우리말 '나' 쓰기

나래 흔히 문학 작품 따위에서 '날개'를 이르는 말

내숭 겉으로는 순해 보이나 속으로는 엉큼하다.

너널 추운 겨울에 신는 커다란 덧버선

노상 언제나 변함없이 같은 모양으로 줄곧

노총 남에게 알려서는 안 될 일

높새 '동북풍'을 달리 이르는 말

느루 한꺼번에 몰아치지 않고 오래도록

남 우 세　남 우 세

남우세　남에게 비웃음과 놀림을 받음

낫 잡 다　낫 잡 다

낫잡다　금액, 나이, 수량, 수효 등을 계산할 때 조금 넉넉하게 치다.

넌 더 리　넌 더 리

넌더리　지긋지긋하게 몹시 싫은 생각

노 가 리　노 가 리

노가리　(1) 명태의 새끼 (2) 경지(耕地) 전체에 여기저기 흩어지게 씨를 뿌리는 일

노 루 잠　노 루 잠

노루잠　깊이 들지 못하고 자꾸 놀라 깨는 잠

눈 썰 미　눈 썰 미

눈썰미　한두 번 보고 곧 그대로 해내는 재주

느 껍 다　느 껍 다

느껍다　어떤 느낌이 마음에 북받쳐서 벅차다.

늦 사 리　늦 사 리

늦사리　같은 작물을 제철보다 늦게 수확하는 일

나 부 대 다

나부대다

나부대다 얌전히 있지 못하고 철없이 촐랑거리다.

노 느 매 기

노느매기

노느매기 여러 몫으로 갈라 나누는 일이나 그렇게 나누어진 몫

노 적 가 리

노적가리

노적가리 한 곳에 수북이 쌓아 둔 곡식더미

눈 엣 가 시

눈엣가시

눈엣가시 몹시 밉거나 싫어 항상 눈에 거슬리는 사람

늘 비 하 다

늘비하다

늘비하다 질서 없이 여기저기 많이 늘어서 있거나 놓여 있다.

능 갈 치 다

능갈치다

능갈치다 교묘하게 잘 둘러대다.

기본 정자체
순우리말 '다' 쓰기

더 께	더 께			

더께 몹시 찌든 물건에 앉은 거친 때

도 섭	도 섭			

도섭 주책없이 능청맞고 수선스럽게 변덕을 부리는 짓

동 티	동 티			

동티 땅, 돌, 나무 등을 잘못 건드려서 지신(地神)을 화나게 하여 재앙을 받는 일

뒷 귀	뒷 귀			

뒷귀 들은 것에 대한 이해력을 이르는 말

들 마	들 마			

들마 가게 문을 닫을 무렵

떠 세	떠 세			

떠세 재물이나 힘 등을 내세워 잘난 척하고 억지를 씀

뜯 게	뜯 게			

뜯게 해지고 낡아서 입지 못하게 된 옷

달구질 달구질

달구질 달구로 집터나 땅을 단단히 다지는 일

더펄이 더펄이

더펄이 성미가 침착하지 못하고 덜렁대는 사람

덤터기 덤터기

덤터기 남에게 넘겨씌우거나 남에게서 넘겨받은 허물이나 걱정거리

덧두리 덧두리

덧두리 정해 놓은 액수 외에 얼마만큼 더 보탬

덩저리 덩저리

덩저리 좀 크게 뭉쳐서 쌓은 물건의 부피

도드미 도드미

도드미 구멍이 굵은 체

도파니 도파니

도파니 이러니저러니 여러 말 할 것 없이 죄다 몰아서

된바람 된바람

된바람 매섭게 부는 바람으로, '북풍'을 이르는 말

둥개다 둥개다

둥개다 일을 감당하지 못하고 쩔쩔매다.

뒨장질 뒨장질

뒨장질 사람이나 짐승, 물건 등을 뒤지는 일을 낮잡아 이르는 말

뒷갈망 뒷갈망

뒷갈망 일의 뒤끝을 맡아서 처리하다.

따리꾼 따리꾼

따리꾼 알랑거리면서 남의 비위를 맞추며 살살 꾀어내기를 잘하는 사람을 낮잡아 이르는 말

떨거지 떨거지

떨거지 겨레붙이나 한통속으로 지내는 사람들을 낮잡아 이르는 말

뚜쟁이 뚜쟁이

뚜쟁이 부부가 아닌 남녀가 정을 통할 수 있도록 소개하는 사람

뚝별씨 뚝별씨

뚝별씨 걸핏하면 불뚝불뚝 성을 잘 내는 성질

뜨개질 뜨개질

뜨개질 남의 마음속을 떠보는 일

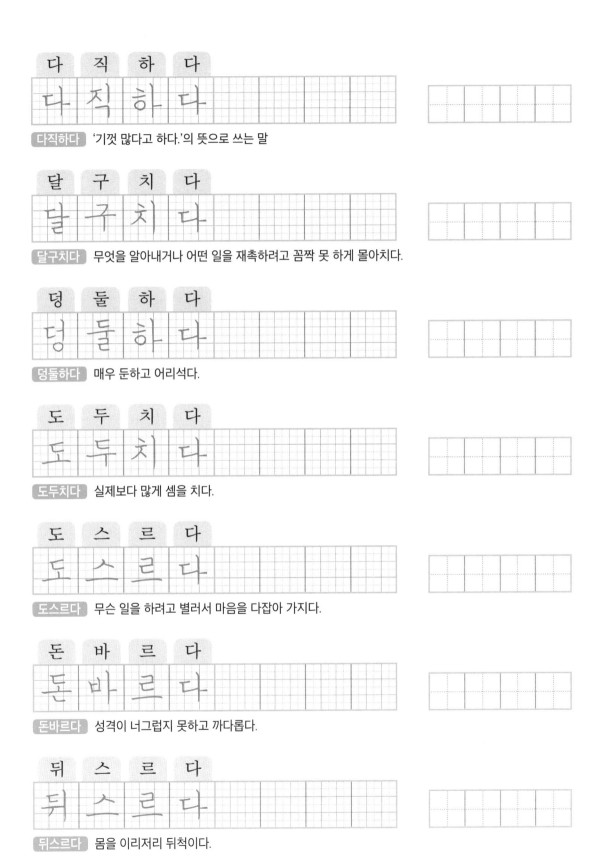

다	직	하	다

다직하다 '기껏 많다고 하다.'의 뜻으로 쓰는 말

달	구	치	다

달구치다 무엇을 알아내거나 어떤 일을 재촉하려고 꼼짝 못 하게 몰아치다.

덩	둘	하	다

덩둘하다 매우 둔하고 어리석다.

도	두	치	다

도두치다 실제보다 많게 셈을 치다.

도	스	르	다

도스르다 무슨 일을 하려고 별러서 마음을 다잡아 가지다.

돈	바	르	다

돈바르다 성격이 너그럽지 못하고 까다롭다.

뒤	스	르	다

뒤스르다 몸을 이리저리 뒤척이다.

드 림 흥 정

드림흥정

드림흥정 물건을 사고팔 때 여러 번에 나누어서 값을 치르기로 결정하고 하는 흥정

들 썽 하 다

들썽하다

들썽하다 어수선하게 들떠 가라앉지 않다.

듬 쑥 하 다

듬쑥하다

듬쑥하다 사람됨이 가볍지 않고 속이 깊다.

뜨 악 하 다

뜨악하다

뜨악하다 마음이 선뜻 내키지 않아 꺼림칙하고 싫다.

닦 아 세 우 다

닦아세우다

닦아세우다 꼼짝 못 하게 휘몰아쳐서 나무라다.

던 적 스 럽 다

던적스럽다

던적스럽다 하는 짓이 보기에 매우 치사하고 더러운 데가 있다.

되 술 래 잡 히 다

되술래잡히다

되술래잡히다 잘못을 빌어야 할 사람에게 도리어 나무람을 듣다.

기본 정자체
순우리말 '마' 쓰기

매 골 　매 골

매골 축이 나서 못쓰게 된 사람의 모습

맨 망 　맨 망

맨망 요망스럽게 까부는 짓

맹 문 　맹 문

맹문 일의 시비나 경위

몽 니 　몽 니

몽니 받고자 하는 대우를 받지 못할 때 내는 심술

몽 짜 　몽 짜

몽짜 음흉하고 심술궂게 욕심을 부리는 짓

물 꼬 　물 꼬

물꼬 논에 물이 넘어 들어오거나 나가게 하기 위하여 만든 좁은 통로

민 패 　민 패

민패 아무 꾸밈이 없는 물건

마고자 마고자

마고자 저고리와 비슷하게 생겼으나 깃과 고름이 없고, 앞을 여미지 않으며, 단추를 달아 입는 옷

마름질 마름질

마름질 옷감이나 재목 등을 치수에 맞게 재거나 자르는 일

마파람 마파람

마파람 뱃사람들의 은어로, '남풍'을 이르는 말

맨드리 맨드리

맨드리 옷을 입고 매만진 맵시

모르쇠 모르쇠

모르쇠 아는 것이나 모르는 것이나 다 모른다고 잡아떼는 것

몽구리 몽구리

몽구리 바싹 깎은 머리

무싯날 무싯날

무싯날 정기적으로 장이 서는 곳에서 장이 서지 않는 날

민둥산 민둥산

민둥산 나무가 없는 산

매	지	구	름
매	지	구	름

매지구름 비를 머금은 검은 조각구름

매	캐	하	다
매	캐	하	다

매캐하다 연기나 곰팡이 등의 냄새가 약간 맵고 싸하다.

모	춤	하	다
모	춤	하	다

모춤하다 길이나 분량이 어떤 한도보다 조금 지나치다.

몽	총	하	다
몽	총	하	다

몽총하다 길이나 부피 등이 조금 모자란 데가 있다.

몽	태	치	다
몽	태	치	다

몽태치다 남의 물건을 슬그머니 훔치다.

뭉	근	하	다
뭉	근	하	다

뭉근하다 세지 않은 불기운이 끊이지 않고 꾸준하다.

민	틋	하	다
민	틋	하	다

민틋하다 울퉁불퉁한 곳이 없이 평평하고 비스듬하다.

기본 정자체
순우리말 '바' 쓰기

버금 | 버금

버금 으뜸의 바로 아래. 또는 그런 지위에 있는 사람이나 물건

벌충 | 벌충

벌충 손실이나 부족한 것을 채움

벼리 | 벼리

벼리 그물의 위쪽 코를 꿰어 놓은 줄. 잡아당겨 그물을 오므렸다 폈다 하다.

변죽 | 변죽

변죽 그릇이나 세간, 과녁 등의 가장자리

볼모 | 볼모

볼모 약속 이행을 담보로 하여 상대편에 잡혀 두는 사람이나 물건

북새 | 북새

북새 많은 사람들이 야단스럽게 부산을 떨며 법석이는 일

빌미 | 빌미

빌미 재앙이나 사고 등이 생기는 원인

발 밭 다 발 밭 다

발밭다 기회를 놓치지 않고 재빠르게 붙잡아 이용하는 소질이 있다.

배 냇 짓 배 냇 짓

배냇짓 갓난아이가 자면서 웃거나 눈, 코, 입 등을 쫑긋거리는 짓

볏 가 리 볏 가 리

볏가리 벼를 베어서 가려 놓거나 볏단을 차곡차곡 쌓은 더미

보 깨 다 보 깨 다

보깨다 먹은 것이 소화가 잘 안 되어 속이 답답하고 거북하게 느껴지다.

붓 방 아 붓 방 아

붓방아 글을 쓸 때 생각이 잘 나지 않아 붓을 대었다 떼었다 하며 붓을 놀리는 행동

붙 박 이 붙 박 이

붙박이 어느 한 자리에 정한 대로 박혀 있어서 움직임이 없는 상태. 또는 그런 사물이나 사람

빚 물 이 빚 물 이

빚물이 남의 빚을 대신 갚아 주는 일

뻗 대 다 뻗 대 다

뻗대다 쉽게 따르지 않고 고집스럽게 버티다.

바 자 위 다

바자위다

바자위다 성격이 너그럽지 않다.

방 패 막 이

방패막이

방패막이 어떤 사건이나 공격으로부터 막아 보호하는 일. 또는 그 수단이나 방법

버 르 집 다

버르집다

버르집다 파서 헤치거나 크게 벌려 놓다.

부 대 끼 다

부대끼다

부대끼다 사람이나 일에 시달려 크게 괴로움을 겪다.

부 아 나 다

부아나다

부아나다 분한 마음이 일어나다.

비 설 거 지

비설거지

비설거지 비가 오려고 하거나 올 때 비에 맞으면 안 되는 물건을 치우거나 덮는 일

반 지 빠 르 다

반지빠르다

반지빠르다 말이나 행동 등이 어수룩하지 않고 얄미울 정도로 민첩하고 약삭빠르다.

34

순우리말 '사' 쓰기

삭신
삭신

삭신 몸의 근육과 뼈마디

새경
새경

새경 머슴이 주인에게서 한 해 동안 일한 대가로 받는 돈이나 물건

시삐
시삐

시삐 별로 대수롭지 않은 듯하게

시역
시역

시역 힘이 드는 일

싹수
싹수

싹수 어떤 일이나 사람이 앞으로 잘될 것 같은 낌새나 징조

사재기
사재기

사재기 '매점'(물건값이 오를 것을 예상하고 폭리를 얻기 위해 물건을 한꺼번에 사들임)을 일상적으로 이르는 말

산돌림
산돌림

산돌림 산기슭으로 내리는 소나기

살 갑 다　살 갑 다

살갑다　마음씨가 부드럽고 상냥하다.

생 채 기　생 채 기

생채기　손톱 등으로 할퀴이거나 긁히어서 생긴 작은 상처

손 사 래　손 사 래

손사래　어떤 말이나 사실을 부인하거나 남에게 조용히 하라고 할 때 손을 펴서 휘젓는 일

시 래 기　시 래 기

시래기　무청이나 배춧잎을 말린 것. 새끼 등으로 엮어 말려서 보관하다가 볶거나 국을 끓이는 데 쓴다.

실 랑 이　실 랑 이

실랑이　이러니저러니, 옳으니 그르니 하면서 남을 못살게 굴거나 괴롭히는 일 / 서로 자기주장을 고집하며 옥신 각신하는 일

심 마 니　심 마 니

심마니　산삼을 캐는 것이 직업인 사람

쏘 개 질　쏘 개 질

쏘개질　있는 일 없는 일을 얽어서 일러바치는 행동

씨 도 둑　씨 도 둑

씨도둑　'씨를 훔친다'는 뜻으로, 한집안에서 대대로 내려오는 버릇에서 벗어나게 함을 이르는 말

36

사 금 파 리
사금파리

사금파리 사기그릇의 깨어진 작은 조각

사 시 랑 이
사시랑이

사시랑이 가늘고 약한 물건이나 사람

소 담 하 다
소담하다

소담하다 생김새가 탐스럽다.

시 나 브 로
시나브로

시나브로 모르는 사이에 조금씩 조금씩

시 름 없 다
시름없다

시름없다 근심과 걱정으로 힘이 없다.

심 드 렁 하 다
심드렁하다

심드렁하다 마음에 탐탁하지 않아서 관심이 거의 없다.

숙 수 그 레 하 다
숙수그레하다

숙수그레하다 조금 굵은 여러 개의 물건이 크기가 거의 고르다.

기본 정자체
순우리말 '아' 쓰기

앙금 앙금

앙금 녹말과 같은 아주 잘고 부드러운 가루가 물에 가라앉아 생긴 층 / 마음속에 남아 있는 개운치 않은 감정

애물 애물

애물 몹시 애를 태우거나 귀찮게 하는 물건이나 사람

야발 야발

야발 야살스럽고 되바라진 태도

에다 에다

에다 칼 등으로 도려내듯 베다.

역성 역성

역성 옳고 그름에는 관계없이 무조건 한쪽 편을 들어 주는 일

오금 오금

오금 무릎의 구부러지는 오목한 안쪽 부분

옹추 옹추

옹추 '옹치'의 변한 말. 늘 싫어하고 미워하는 사람 또는 그런 관계를 비유하는 말

왜 골 　왜 골

왜골 체격이 크고 말과 행동이 얌전하지 못한 사람

우 금 　우 금

우금 시냇물이 급히 흐르는 가파르고 좁은 산골짜기

우 세 　우 세

우세 남에게 비웃음과 놀림을 받게 됨

웃 비 　웃 비

웃비 아직 우기(雨氣)는 있으나 좍좍 내리다가 그친 비

아 람 치　아 람 치

아람치 개인이 사사로이 차지하는 몫

앙 세 다　앙 세 다

앙세다 몸이 약해 보여도 힘이 세고 다부지다.

야 물 다　야 물 다

야물다 일 처리나 언행이 옹골차고 야무지다.

얌 생 이　얌 생 이

얌생이 남의 물건을 조금씩 슬쩍 훔치는 짓을 속되게 이르는 말

에 끼 다 에 끼 다

에끼다 서로 주고받을 물건이나 일 등을 비겨 없애다.

여 남 은 여 남 은

여남은 열이 조금 넘는 수(의)

여 우 비 여 우 비

여우비 햇볕 있는 날 잠깐 오다가 그치는 비

올 되 다 올 되 다

올되다 열매나 곡식 등이 제철보다 일찍 익다.

옹 알 이 옹 알 이

옹알이 아직 말을 못 하는 어린아이가 혼자 입속말처럼 자꾸 소리를 내는 행동

용 트 림 용 트 림

용트림 거드름을 피우며 일부러 크게 힘을 들여 하는 트림

우 수 리 우 수 리

우수리 물건값을 빼고 거슬러 받는 잔돈 / 어떤 수나 수량에 차고 남는 것

입 찬 말 입 찬 말

입찬말 자기의 지위나 능력을 믿고 지나치게 장담하는 말

아 우 르 다
아우르다

아우르다 여럿을 모아 한 덩어리나 한 판이 되게 하다.

애 면 글 면
애면글면

애면글면 몹시 힘에 겨운 일을 이루려고 갖은 애를 쓰는 모양

애 오 라 지
애오라지

애오라지 '겨우' 또는 '오로지'를 강조하여 이르는 말

엇 부 루 기
엇부루기

엇부루기 아직 큰 소가 되지 못한 수송아지

오 롯 하 다
오롯하다

오롯하다 모자람이 없이 온전하다.

옹 골 지 다
옹골지다

옹골지다 실속 있게 속이 꽉 차 있다.

우 꾼 하 다
우꾼하다

우꾼하다 어떤 기운이 일시에 강하게 일어나다.

기본 정자체
순우리말 '자' 쓰기

재 강　　재 강

재강 술을 거르고 남은 찌꺼기

주 니　　주 니

주니 몹시 지루함을 느끼는 싫증

진 솔　　진 솔

진솔 옷이나 버선 등이 한 번도 빨지 않은 새것 그대로인 것

짐 짓　　짐 짓

짐짓 마음으로는 그렇지 않으나 일부러 그렇게

짜 개　　짜 개

짜개 콩이나 팥 등을 둘로 쪼갠 것의 한쪽

짜 장　　짜 장

짜장 과연 정말로

자 리 끼 자 리 끼

자리끼 밤에 자다가 마시기 위해 잠자리의 머리맡에 준비해 두는 물

자 투 리 자 투 리

자투리 자로 재어 팔거나 재단하다가 남은 천의 조각

잡 도 리 잡 도 리

잡도리 단단히 준비하거나 대책을 세움

장 맞 이 장 맞 이

장맞이 사람을 만나려고 길목을 지키고 기다리는 일

적 바 림 적 바 림

적바림 나중에 참고하기 위하여 글로 간단히 적어 둠

주 저 리 주 저 리

주저리 지저분한 물건이 어지럽게 매달리거나 한데 묶여 있는 것

지 청 구 지 청 구

지청구 아랫사람의 잘못을 꾸짖는 말

쭉 정 이 쭉 정 이

쭉정이 껍질만 있고 속에 알맹이가 없는 곡식이나 과일 등의 열매

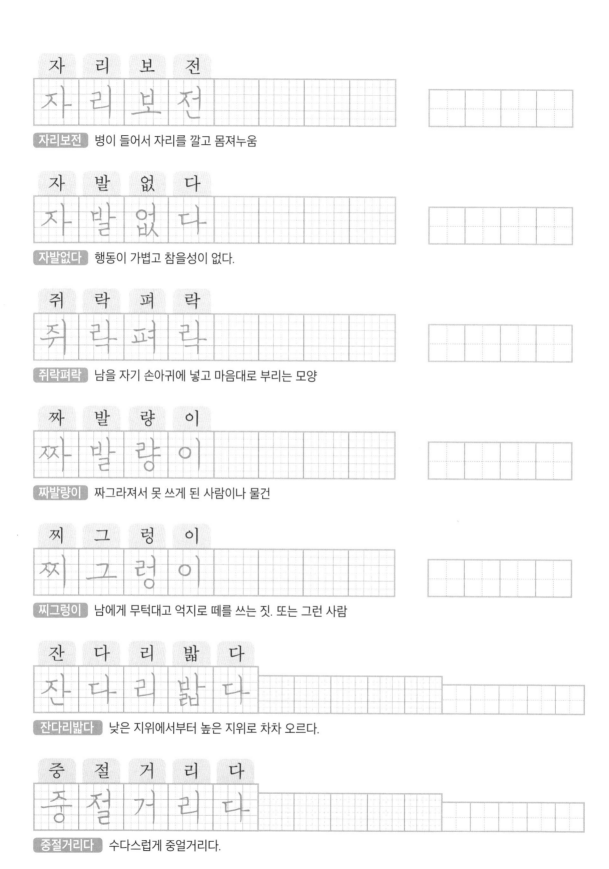

자 리 보 전

자리보전

자리보전 병이 들어서 자리를 깔고 몸져누움

자 발 없 다

자발없다

자발없다 행동이 가볍고 참을성이 없다.

쥐 락 펴 락

쥐락펴락

쥐락펴락 남을 자기 손아귀에 넣고 마음대로 부리는 모양

짜 발 량 이

짜발량이

짜발량이 짜그라져서 못 쓰게 된 사람이나 물건

찌 그 렁 이

찌그렁이

찌그렁이 남에게 무턱대고 억지로 떼를 쓰는 짓. 또는 그런 사람

잔 다 리 밟 다

잔다리밟다

잔다리밟다 낮은 지위에서부터 높은 지위로 차차 오르다.

중 절 거 리 다

중절거리다

중절거리다 수다스럽게 중얼거리다.

기본 정자체

순우리말 '차' 쓰기

차 반 　차 반

차반 예물로 가져가거나 들어오는 좋은 음식

첫 밦 　첫 밦

첫밦 일이나 행동의 맨 처음 국면

추 지 다 　추 지 다

추지다 물기가 배어 눅눅하다.

치 사 랑 　치 사 랑

치사랑 손아랫사람이 손윗사람을 사랑함

추 레 하 다
추 레 하 다

추레하다 겉모양이 깨끗하지 못하고 생기가 없다.

천 둥 벌 거 숭 이
천 둥 벌 거 숭 이

천둥벌거숭이 철없이 두려운 줄 모르고 함부로 덤벙거리거나 날뛰는 사람을 비유하는 말

기본 정자체
순우리말 '카, 타' 쓰기

키 질 　키 질

키질 키로 곡식 따위를 까부르는 일

켕 기 다　켕 기 다

켕기다 단단하고 팽팽하게 되다. / 마음속으로 겁이 나고 탈이 날까 불안해하다.

콩 켸 팥 켸
콩 켸 팥 켸

콩켸팥켸 사물이 뒤섞여서 뒤죽박죽된 것

탈 것　탈 것

탈것 자전거, 자동차 따위의 사람이 타고 다니는 물건을 통틀어 이르는 말

틀 거 지　틀 거 지

틀거지 듬직하고 위엄이 있는 겉모양

투 미 하 다
투 미 하 다

투미하다 어리석고 둔하다.

순우리말 '파' 쓰기

피 새   피 새

피새 급하고 날카로워 화를 잘 내는 성질

피 천   피 천

피천 매우 적은 액수의 돈

판 들 다   판 들 다

판들다 가지고 있던 재산을 다 써서 없애 버리다.

푹 하 다   푹 하 다

푹하다 겨울 날씨가 무척 따뜻하다.

파 임 내 다
파 임 내 다

파임내다 일치한 의논을 나중에 다른 소리를 하여 그르치게 하다.

푸 닥 거 리
푸 닥 거 리

푸닥거리 무당이 하는 굿

기본 정자체

순우리말 '하' 쓰기

하늬 서쪽에서 부는 바람

한풀 기세나 기운이 어느 정도로

해껏 해가 질 때까지

행짜 심술을 부려 남을 해롭게 하는 행위

허발 몹시 굶주려 있거나 궁하여 체면 없이 함부로 먹거나 덤빔

헛장 허풍을 치며 떠벌리는 큰소리

헤살 일을 짓궂게 훼방하다.

하 비 다 하비다

하비다 손톱이나 날카로운 물건 등으로 조금 긁어 파다.

해 거 름 해거름

해거름 해가 서쪽으로 넘어가는 일

해 소 수 해소수

해소수 한 해가 좀 지나는 동안

허 드 레 허드레

허드레 크게 중요하지 않고 허름하여 함부로 쓸 수 있는 물건

헤 먹 다 헤먹다

헤먹다 들어 있는 물건보다 공간이 넓어서 자연스럽지 않다.

홑 지 다 홑지다

홑지다 복잡하지 않고 단순하다.

화 수 분 화수분

화수분 재물이 계속 나오는 보물단지

희 나 리 희나리

희나리 아직 마르지 않은 장작

희떱다 희떱다

희떱다 실속은 없어도 마음이 넓고 손이 크다.

힘지다 힘지다

힘지다 힘이 있다.

하 리 놀 다

하 리 놀 다

하리놀다 남을 헐뜯어 윗사람에게 일러바치다.

하 리 들 다

하 리 들 다

하리들다 잘 되고 있는 일의 중간에 방해가 생기다.

하 릴 없 다

하 릴 없 다

하릴없다 달리 어떻게 할 도리가 없다.

함 함 하 다

함 함 하 다

함함하다 털이 부드럽고 반지르르하다.

해 찰 하 다

해 찰 하 다

해찰하다 마음에 썩 들지 않아서 물건을 부질없이 이것저것 집적거려서 망가뜨리다.

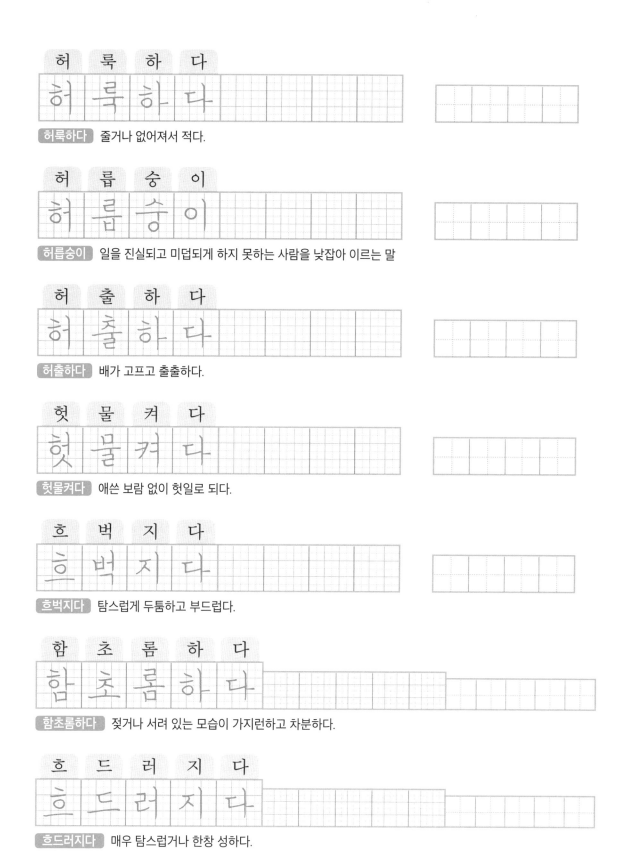

허 룩 하 다
허룩하다

허룩하다 줄거나 없어져서 적다.

허 릅 숭 이
허릅숭이

허릅숭이 일을 진실되고 미덥되게 하지 못하는 사람을 낮잡아 이르는 말

허 출 하 다
허출하다

허출하다 배가 고프고 출출하다.

헛 물 켜 다
헛물켜다

헛물켜다 애쓴 보람 없이 헛일로 되다.

흐 벅 지 다
흐벅지다

흐벅지다 탐스럽게 두툼하고 부드럽다.

함 초 롬 하 다
함초롬하다

함초롬하다 젖거나 서려 있는 모습이 가지런하고 차분하다.

흐 드 러 지 다
흐드러지다

흐드러지다 매우 탐스럽거나 한창 성하다.

기본 정자체

글자 크기 : 세로 7mm

밤이 새도록 퍼붓던 그 비도 그치고

밤이 새도록 퍼붓던 그 비도 그치고

동편 하늘이 이제야 불그레하다.

동편 하늘이 이제야 불그레하다.

기다리는 듯 고요한 이 땅 위로

기다리는 듯 고요한 이 땅 위로

해는 점잖게 돋아 오른다.

해는 점잖게 돋아 오른다.

눈부신 이 땅

눈부신 이 땅

아름다운 이 땅

아름다운 이 땅

내야 세상이 너무도 밝고 깨끗해서

내야 세상이 너무도 밝고 깨끗해서

발을 내밀기에 황송만 하다.

발을 내밀기에 황송만 하다.

해는 모든 것에게 젖을 주었나 보다.

해는 모든 것에게 젖을 주었나 보다.

동무여, 보아라,

동무여, 보아라,

우리의 앞뒤로 있는 모든 것이

우리의 앞뒤로 있는 모든 것이

햇살의 가닥-가닥을 잡고 빨지 않느냐.

햇살의 가닥-가닥을 잡고 빨지 않느냐.

이런 기쁨이 또 있으랴.

이런 기쁨이 또 있으랴.

이런 좋은 일이 또 있으랴.

이런 좋은 일이 또 있으랴.

이 땅은 사랑 뭉텅이 같구나.

이 땅은 사랑 뭉텅이 같구나.

아, 오늘의 우리 목숨은 복스러워도 보인다.

아, 오늘의 우리 목숨은 복스러워도 보인다.

기본 정자체

이상화 님의 '농촌의 집' 따라 쓰기

글자 크기 : 세로 7mm

아버지는 지게 지고 논밭으로 가고요,

아버지는 지게 지고 논밭으로 가고요,

어머니는 광지 이고 시냇가로 갔어요.

어머니는 광지 이고 시냇가로 갔어요.

자장자장 울지 마라 나의 동생아.

자장자장 울지 마라 나의 동생아.

네가 울면 나 혼자서 어찌하라냐.

네가 울면 나 혼자서 어찌하라냐.

해가 져도 어머니는 왜 오시지 않나.

해가 져도 어머니는 왜 오시지 않나.

귀한 동생 배고파서 울기만 합니다.

귀한 동생 배고파서 울기만 합니다.

- 이하 생략 -

기본 정자체

백범 김구 님의 '편지 한 장' 따라 쓰기

글자 크기 : 세로 6mm

어릴 때는 나보다 중요한 사람이 없고

어릴 때는 나보다 중요한 사람이 없고

나이 들면 나만큼 대단한 사람이 없으며

나이 들면 나만큼 대단한 사람이 없으며

늙고 나면 나보다 더 못한 사람은 없다

늙고 나면 나보다 더 못한 사람은 없다

돈에 맞춰 일하면 직업이고

돈에 맞춰 일하면 직업이고

돈을 넘어서면 소명이다

돈을 넘어서면 소명이다

직업으로 일하면 월급을 받고

직업으로 일하면 월급을 받고

소명으로 일하면 선물을 받는다

소명으로 일하면 선물을 받는다

칭찬에 익숙하면 비난에 마음이 흔들리고

칭찬에 익숙하면 비난에 마음이 흔들리고

대접에 익숙하면 푸대접에 마음이 상한다

대접에 익숙하면 푸대접에 마음이 상한다

문제는 익숙해져서 길들여진 내 마음이다

문제는 익숙해져서 길들여진 내 마음이다

집은 좁아도 같이 살 수 있지만

집은 좁아도 같이 살 수 있지만

사람 속이 좁으면 같이 못 산다

사람 속이 좁으면 같이 못 산다

내 힘으로 할 수 없는 일에 도전하지 않으면

내 힘으로 할 수 없는 일에 도전하지 않으면

내 힘으로 갈 수 없는 곳에 이를 수 없다

내 힘으로 갈 수 없는 곳에 이를 수 없다

사실 나를 넘어서야 이곳을 떠나고

사실 나를 넘어서야 이곳을 떠나고

나를 이겨내야 그곳에 이른다

나를 이겨내야 그곳에 이른다

갈 만큼 갔다고 생각하는 곳에서

갈 만큼 갔다고 생각하는 곳에서

얼마나 더 갈 수 있는지 아무도 모르고

얼마나 더 갈 수 있는지 아무도 모르고

참을 만큼 참았다고 생각하는 곳에서

참을 만큼 참았다고 생각하는 곳에서

얼마나 더 참을 수 있는지 누구도 모른다

얼마나 더 참을 수 있는지 누구도 모른다

지옥을 만드는 방법은 간단하다

지옥을 만드는 방법은 간단하다

가까이 있는 사람을 미워하면 된다

가까이 있는 사람을 미워하면 된다

천국을 만드는 방법도 간단하다

천국을 만드는 방법도 간단하다

가까이 있는 사람을 사랑하면 된다

가까이 있는 사람을 사랑하면 된다

모든 것이 다 가까이서 시작된다

모든 것이 다 가까이서 시작된다

또 상처를 키울 것인지 말 것인지도 내가 결정한다

또 상처를 키울 것인지 말 것인지도 내가 결정한다

그 사람 행동은 어쩔 수 없지만

그 사람 행동은 어쩔 수 없지만

반응은 언제나 내 몫이다

반응은 언제나 내 몫이다

산고를 겪어야 새 생명이 태어나고

산고를 겪어야 새 생명이 태어나고

꽃샘추위를 겪어야 봄이 오며

꽃샘추위를 겪어야 봄이 오며

어둠이 지나야 새벽이 온다

어둠이 지나야 새벽이 온다

거칠게 말할수록 거칠어지고

거칠게 말할수록 거칠어지고

음란하게 말할수록 음란해지고

음란하게 말할수록 음란해지고

사납게 말할수록 사나워진다

사납게 말할수록 사나워진다

결국 모든 것은 나로부터 시작되는 것이다

결국 모든 것은 나로부터 시작되는 것이다

나를 다스려야 뜻을 이룬다

나를 다스려야 뜻을 이룬다

모든 것이 내 자신에 달려 있다

모든 것이 내 자신에 달려 있다

글자 크기 : 세로 6mm

나이 차리지면서 가지게 되었노라.

나이 차리지면서 가지게 되었노라.

숨어 있던 한 사람이, 언제나 나의,

숨어 있던 한 사람이, 언제나 나의,

다시 깊은 잠 속의 꿈으로 와라.

다시 깊은 잠 속의 꿈으로 와라.

불그레한 얼굴에 가늣한 손가락의,

불그레한 얼굴에 가늣한 손가락의,

모르는 듯한 거동도 전날의 모양대로

모르는 듯한 거동도 전날의 모양대로

그는 야젓이 나의 팔 위에 누워라.

그는 야젓이 나의 팔 위에 누워라.

그러나, 그래도 그러나!

그러나, 그래도 그러나!

말할 아무것이 다시 없는가!

말할 아무것이 다시 없는가!

그냥 먹먹할 뿐, 그대로

그냥 먹먹할 뿐, 그대로

그는 일어라. 닭의 화치는 소리.

그는 일어라. 닭의 화치는 소리.

깨어서도 늘, 길거리의 사람을

깨어서도 늘, 길거리의 사람을

밝은 대 낮에 빗보고는 하노라.

밝은 대 낮에 빗보고는 하노라.

기본 정자체

윤동주 님의 '별 헤는 밤' 따라 쓰기

글자 크기 : 세로 5mm

계절이 지나가는 하늘에는 / 가을로 가득 차 있습니다.

계절이 지나가는 하늘에는 / 가을로 가득 차 있습니다.

나는 아무 걱정도 없이 / 가을 속의 별들을 다 헤일 듯합니다.

나는 아무 걱정도 없이 / 가을 속의 별들을 다 헤일 듯합니다.

가슴속에 하나 둘 새겨지는 별을 / 이제 다 못 헤는 것은

가슴속에 하나 둘 새겨지는 별을 / 이제 다 못 헤는 것은

쉬이 아침이 오는 까닭이요,

쉬이 아침이 오는 까닭이요,

내일 밤이 남은 까닭이요,

내일 밤이 남은 까닭이요,

아직 나의 청춘이 다하지 않은 까닭입니다.

아직 나의 청춘이 다하지 않은 까닭입니다.

별 하나에 추억과

별 하나에 추억과

별 하나에 사랑과

별 하나에 사랑과

별 하나에 쓸쓸함과

별 하나에 쓸쓸함과

별 하나에 동경과

별 하나에 동경과

별 하나에 시와

별 하나에 시와

별 하나에 어머니, 어머니,

별 하나에 어머니, 어머니,

어머님, 나는 별 하나에 아름다운 말 한마디씩 불러 봅니다.

어머님, 나는 별 하나에 아름다운 말 한마디씩 불러 봅니다.

소학교 때 책상을 같이 했던 아이들의 이름과,

소학교 때 책상을 같이 했던 아이들의 이름과,

패, 경, 옥 이런 이국 소녀들의 이름과,

패, 경, 옥 이런 이국 소녀들의 이름과,

벌써 아기 어머니 된 계집애들의 이름과,

벌써 아기 어머니 된 계집애들의 이름과,

가난한 이웃 사람들의 이름과,

가난한 이웃 사람들의 이름과,

비둘기, 강아지, 토끼, 노새, 노루, "프랑시스 잠",

비둘기, 강아지, 토끼, 노새, 노루, "프랑시스 잠",

"라이너 마리아 릴케" 이런 시인의 이름을 불러 봅니다.

"라이너 마리아 릴케" 이런 시인의 이름을 불러 봅니다.

이네들은 너무나 멀리 있습니다. / 별이 아스라이 멀 듯이,

이네들은 너무나 멀리 있습니다. / 별이 아스라이 멀 듯이,

어머님, / 그리고 당신은 멀리 북간도에 계십니다.

어머님, / 그리고 당신은 멀리 북간도에 계십니다.

나는 무엇인지 그리워 / 이 많은 별빛이 내린 언덕 위에

나는 무엇인지 그리워 / 이 많은 별빛이 내린 언덕 위에

내 이름자를 써 보고

내 이름자를 써 보고

흙으로 덮어 버리었습니다.

흙으로 덮어 버리었습니다.

딴은 밤을 새워 우는 벌레는

딴은 밤을 새워 우는 벌레는

부끄러운 이름을 슬퍼하는 까닭입니다.

부끄러운 이름을 슬퍼하는 까닭입니다.

그러나 겨울이 지나고 나의 별에도 봄이 오면

그러나 겨울이 지나고 나의 별에도 봄이 오면

무덤 위에 파란 잔디가 피어나듯이

무덤 위에 파란 잔디가 피어나듯이

내 이름자 묻힌 언덕 위에도

내 이름자 묻힌 언덕 위에도

자랑처럼 풀이 무성할 거외다.

자랑처럼 풀이 무성할 거외다.

기본 정자체
권태응 님의 '구름을 보고' 따라 쓰기

글자 크기 : 세로 4mm

몽실몽실 피어나는 / 구름을 보고

몽실몽실 피어나는 / 구름을 보고

할머니는 "저것이 모두 다 목화였으면"

할머니는 "저것이 모두 다 목화였으면"

포실포실 일어나는 / 구름을 보고

포실포실 일어나는 / 구름을 보고

아기는 "저것이 모두 다 솜사탕이었으면"

아기는 "저것이 모두 다 솜사탕이었으면"

할머니와 아기가 / 양지에 앉아

할머니와 아기가 / 양지에 앉아

구름을 보고 서로 각각 생각합니다.

구름을 보고 서로 각각 생각합니다.

기본 정자체

권태응 님의 '겨울나무들' 따라 쓰기

글자 크기 : **세로 4mm**

바람에게 옷들을 모두 뺏기고 / 발가숭이 서 있는 겨울나무들

바람에게 옷들을 모두 뺏기고 / 발가숭이 서 있는 겨울나무들

추울 테면 추워라, 어디 해 보자.

추울 테면 추워라, 어디 해 보자.

서로 기운 돋우며 버티고 섰다.

서로 기운 돋우며 버티고 섰다.

까치들이 가여워 인사를 해도 / 들은 척도 안 하고 겨울나무들

까치들이 가여워 인사를 해도 / 들은 척도 안 하고 겨울나무들

두고 보자 두고 봐, 누가 이기나

두고 보자 두고 봐, 누가 이기나

봄의 꿈을 꾸면서 굳세게 섰다.

봄의 꿈을 꾸면서 굳세게 섰다.

기본 정자체

한용운 님의 '해당화' 따라 쓰기

글자 크기 : 세로 4mm

당신은 해당화 피기 전에 오신다고 하였습니다. 봄은 벌써 늦었습니다.

당신은 해당화 피기 전에 오신다고 하였습니다. 봄은 벌써 늦었습니다.

봄이 오기 전에는 어서 오기를 바랐더니,

봄이 오기 전에는 어서 오기를 바랐더니,

봄이 오고 보니 너무 일찍 왔나 두려워합니다.

봄이 오고 보니 너무 일찍 왔나 두려워합니다.

철모르는 아이들은 뒷동산에 해당화가 피었다고,

철모르는 아이들은 뒷동산에 해당화가 피었다고,

다투어 말하기로 듣고도 못 들은 체하였더니,

다투어 말하기로 듣고도 못 들은 체하였더니,

야속한 봄바람은 나는 꽃을 불어서 경대 위에 놓입니다그려.

야속한 봄바람은 나는 꽃을 불어서 경대 위에 놓입니다그려.

- 이하 생략 -

글자 크기 : 세로 4mm

옛집을 떠나서 다른 시골에 봄을 만났습니다.

옛집을 떠나서 다른 시골에 봄을 만났습니다.

꿈은 이따금 봄바람을 따리서 아득한 옛터에 이릅니다.

꿈은 이따금 봄바람을 따리서 아득한 옛터에 이릅니다.

지팡이는 푸르고 푸른 풀빛에 묻혀서, 그림자와 서로 다릅니다.

지팡이는 푸르고 푸른 풀빛에 묻혀서, 그림자와 서로 다릅니다.

길가에서 이름도 모르는 꽃을 보고서, 행여 근심을 잊을까 하고 앉았습니다.

길가에서 이름도 모르는 꽃을 보고서, 행여 근심을 잊을까 하고 앉았습니다.

꽃송이에는 아침 이슬이 아직 마르지 아니한가 하였더니,

꽃송이에는 아침 이슬이 아직 마르지 아니한가 하였더니,

아아, 나의 눈물이 떨어진 줄이야 꽃이 먼저 알았습니다.

아아, 나의 눈물이 떨어진 줄이야 꽃이 먼저 알았습니다.

기본 정자체
김소월 님의 '엄마야 누나야' 따라 쓰기

엄마야 누나야 강변 살자.
뜰에는 반짝이는 금모래 빛
뒷문 밖에는 갈잎의 노래
엄마야 누나야 강변 살자.

하나, 둘, 셋, 네

· · · · · · · · · · · · · · · · · ·

밤은

많기도 하다.

캘리서체

흘림체 연습

개성 있는 흘림체로 '순우리말'과 '속담' 등을
따라 쓰며 서체 연습을 해 봅니다.

흘림체

글씨 위에 써 보세요.

사	랑	합	니	다

축	하	합	니	다

고	맙	습	니	다

다	잘	될	거	야

즐	거	운	하	루

사랑하는
나의 가족

맑은 공기
파랑 하늘

생각을 바꾸면 믿음이 달라진다.
믿음이 달라지면 기대가 달라진다.
기대가 달라지면 태도가 달라진다.
태도가 달라지면 행동이 달라진다.
행동이 달라지면 실력이 달라진다.
실력이 달라지면 인생이 달라진다.

자기 반성은
지혜를 배우는 학교이다.

흘림체 연습

(자음+모음)

가	가			거	거			고	고		
나	나			너	너			노	노		
다	다			더	더			도	도		
라	라			러	러			로	로		
마	마			머	머			모	모		
바	바			버	버			보	보		
사	사			서	서			소	소		
아	아			어	어			오	오		
자	자			저	저			조	조		
차	차			처	처			초	초		
카	카			커	커			코	코		
타	타			터	터			토	토		
파	파			퍼	퍼			포	포		
하	하			허	허			호	호		

구	구				규	규				궈	궈			
누	누				뉴	뉴				눠	눠			
두	두				듀	듀				둬	둬			
루	루				류	류				뤄	뤄			
무	무				뮤	뮤				뭐	뭐			
부	부				뷰	뷰				붜	붜			
수	수				슈	슈				숴	숴			
우	우				유	유				워	워			
주	주				쥬	쥬				줘	줘			
추	추				츄	츄				춰	춰			
쿠	쿠				큐	큐				쿼	쿼			
투	투				튜	튜				퉈	퉈			
푸	푸				퓨	퓨				풔	풔			
후	후				휴	휴				훠	훠			

흘림체 연습

(자음＋모음＋받침)

각	각		걸	걸		껼	껼	
낙	낙		낭	낭		낲	낲	
닥	닥		던	던		닸	닸	
락	락		랄	랄		를	를	
막	막		맡	맡		멸	멸	
박	박		밥	밥		밭	밭	
삭	삭		선	선		삵	삵	
악	악		완	완		왈	왈	
작	작		젓	젓		잘	잘	
착	착		철	철		참	참	
칵	칵		칸	칸		칼	칼	
탁	탁		탐	탐		털	털	
팍	팍		팝	팝		팡	팡	
학	학		헌	헌		형	형	

갚	갚			곽	곽			꿀	꿀	
늑	늑			농	농			났	났	
듣	듣			닥	닥			떨	떨	
랐	랐			랠	랠			렘	렘	
맡	맡			맵	맵			뭔	뭔	
벗	벗			봤	봤			빵	빵	
솥	솥			썰	썰			쑥	쑥	
왼	왼			웹	웹			웜	웜	
잤	잤			잼	잼			쫏	쫏	
촬	촬			찿	찿			칡	칡	
컵	컵			컸	컸			킬	킬	
툭	툭			팃	팃			텄	텄	
펐	펐			필	필			펜	펜	
훌	훌			힘	힘			핵	핵	

흘림체

순우리말 '가' 쓰기

괴덕 　괴덕

괴덕 실없이 수선스럽고 번거롭게 행동하는 성격

길품 　길품

길품 남이 갈 길을 대신 가고 삯을 받는 일

깜냥 　깜냥

깜냥 스스로 일을 헤아림

갈무리 갈무리

갈무리 물건 등을 잘 정리하거나 간수함

개 사 망 개 사 망

개사망 남이 뜻밖에 재수 좋은 일이 생기거나 이득을 보는 것을 비난조로 이르는 말

개 차 반 개 차 반

개차반 '개가 먹는 음식인 똥'이라는 뜻으로, 언행이 몹시 더러운 사람을 속되게 이르는 말

객 쩍 다 객 쩍 다

객쩍다 행동이나 말, 생각이 쓸데없고 싱겁다.

곁두리 곁두리

곁두리 농사꾼이나 일꾼들이 끼니 외에 이따금 먹는 음식

구쁘다 구쁘다

구쁘다 배 속이 허전하여 자꾸 먹고 싶다.

까대기 까대기

까대기 벽이나 담 등에 임시로 덧붙여 만든 허술한 건조물

가 멸 차 다
가 멸 차 다

가멸차다 재산이나 자원 등이 매우 많고 풍족하다.

개 치 네 쒜
개 치 네 쒜

개치네쒜 재채기를 한 뒤에 내는 소리. 이 소리를 외치면 감기가 들어오지 못하고 물러간다고 한다.

구 순 하 다
구 순 하 다

구순하다 서로 사귀거나 지내는 데 사이가 좋아 화목하다.

그 악 하 다
그 악 하 다

그악하다 장난 등이 지나치게 심하다.

가 년 스 럽 다
가 년 스 럽 다

가년스럽다 보기에 가난하고 어려운 데가 있다.

흘림체

순우리말 '나' 쓰기

노 굿　노 굿

노굿 콩이나 팥 따위의 꽃

놀 금　놀 금

놀금 물건을 살 때 팔지 않으려면 그만두라고 매우 낮게 부른 값

난 든 집　난 든 집

난든집 손에 익어서 생긴 재주

남 의 나 이
남 의 나 이

남의나이 환갑이 지난 뒤의 나이를 이르는 말. 대체로 팔순 이상을 이른다.

노 닥 이 다
노 닥 이 다

노닥이다 조금 수다스럽게 재미있는 말을 늘어놓다.

노 량 으 로
노 량 으 로

노량으로 어정어정 놀면서 느릿느릿

흘림체
순우리말 '다' 쓰기

드 레   드 레

[드레] 인격적으로 점잖은 무게

들 메   들 메

[들메] 신이 벗어지지 않도록 신을 발에 동여매는 끈

들 피   들 피

[들피] 굶주려서 몸이 여위고 쇠약해지는 일

달 랑 쇠   달 랑 쇠

[달랑쇠] 침착하지 못하고 몹시 덤벙거리는 사람

대 갚 음   대 갚 음

[대갚음] 남에게 입은 은혜나 남에게 당한 원한을 잊지 않고 그대로 갚음

대 두 리   대 두 리

[대두리] 큰 다툼이나 야단

더 치 다   더 치 다

[더치다] 낫거나 나아가던 병세가 다시 심해지다.

덧게비 덧게비

덧게비 이미 있는 것에 덧대거나 덧보탬. 또는 그런 일이나 물건

도거리 도거리

도거리 따로따로 나누지 않고 한데 합쳐서 몰아치는 일

도사리 도사리

도사리 다 익지 못한 채 떨어진 과실

동뜨다 동뜨다

동뜨다 다른 것들보다 훨씬 뛰어나다.

드티다 드티다

드티다 밀리거나 비켜나거나 하여 약간 틈이 생기다. 또는 그렇게 하여 틈을 내다.

들입다 들입다

들입다 세차게 마구

똥기다 똥기다

똥기다 모르는 사실을 깨달아 알도록 암시를 주다.

다락같다
다락같다

다락같다 물건값이 매우 비싸다.

단 물 나 다

단 물 나 다

단물나다 옷 등이 낡아 물이 빠지고 바탕이 해지게 되다.

덜 퍽 지 다

덜 퍽 지 다

덜퍽지다 탐스럽고 부피가 매우 크다.

덧 거 칠 다

덧 거 칠 다

덧거칠다 일이 순조롭지 못하고 방해물이 많다.

동 그 마 니

동 그 마 니

동그마니 사람이나 사물이 홀로 따로 오뚝하게 있는 모양

두 남 두 다

두 남 두 다

두남두다 잘못을 두둔하다.

되 통 스 럽 다

되 통 스 럽 다

되통스럽다 찬찬하지 못하거나 미련하여 일을 잘 저지를 듯하다.

될 성 부 르 다

될 성 부 르 다

될성부르다 잘 될 가망이 있어 보이다.

흘림체

순우리말 '마' 쓰기

물초 물초

물초 온통 물에 젖음

미립 미립

미립 경험을 통하여 얻은 묘한 이치나 요령

민낯 민낯

민낯 화장을 하지 않은 얼굴

모래톱 모래톱

모래톱 강가나 바닷가에 있는 넓고 큰 모래벌판

몽따다 몽따다

몽따다 알고 있으면서 일부러 모르는 체하다.

마 뜩 하 다
마 뜩 하 다

마뜩하다 제법 마음에 들 만하다.

맵 자 하 다
맵 자 하 다

맵자하다 모양이 제격에 어울려서 맞다.

머	드	러	기

머 드 러 기

머드러기 과일이나 채소, 생선과 같이 많은 것 중에서 다른 것들보다 굵거나 큰 것

모	주	망	태

모 주 망 태

모주망태 술을 늘 대중없이 많이 마시는 사람을 놀리는 말

무	람	없	다

무 람 없 다

무람없다 예의를 지키지 않으며 삼가고 조심하는 것이 없다.

묵	새	기	다

묵 새 기 다

묵새기다 별로 하는 일 없이 한곳에서 오래 묵으며 날을 보내다.

민	춤	하	다

민 춤 하 다

민춤하다 미련하고 덜되다.

몰	강	스	럽	다

몰 강 스 럽 다

몰강스럽다 인정 없이 억세며 성질이 악착같고 모질다.

매	실	매	실	하	다

매 실 매 실 하 다

매실매실하다 사람이 되바라지고 반드러워서 얄밉다.

흘림체
순우리말 '바' 쓰기

바 투   바 투

바투 양쪽 대상이나 물체의 사이가 매우 가깝게

반 기   반 기

반기 잔치나 제사 후에 여러 군데에 나누어 주려고 목판이나 그릇에 한 몫씩 담아 놓은 음식

발 쇠   발 쇠

발쇠 남의 비밀을 캐내어 다른 사람에게 넌지시 알려 주는 짓

배 꼬 다   배 꼬 다

배꼬다 끈 따위를 배배 틀어서 꼬다.

부 닐 다   부 닐 다

부닐다 가까이 따르며 붙임성 있게 굴다.

붓 날 다   붓 날 다

붓날다 말이나 하는 행동 등이 붓이 나는 것처럼 가볍게 들뜨다.

빌 붙 다   빌 붙 다

빌붙다 권력이나 경제적 이득을 얻기 위해 남에게 기대다.

반	드	럽	다
반	드	럽	다

반드럽다   깔깔하지 않고 윤기가 나도록 매끄럽다. / 사람됨이 어수룩한 맛이 없고 약삭빠르다.

버	름	하	다
버	름	하	다

버름하다   물건의 틈이 꼭 맞지 않고 조금 벌어져 있다.

볼	멘	소	리
볼	멘	소	리

볼멘소리   서운하거나 성이 나서 퉁명스럽게 하는 말투

빙	충	맞	다
빙	충	맞	다

빙충맞다   똑똑하지 못하고 어리석으며 수줍음을 타는 데가 있다.

뿌	다	구	니
뿌	다	구	니

뿌다구니   물체에서 삐죽하게 내민 부분

반	거	들	충	이
반	거	들	충	이

반거들충이   무엇을 배우다가 중간에 그만두어 다 이루지 못한 사람

부	르	터	나	다
부	르	터	나	다

부르터나다   숨기어 묻혀 있던 일이 드러나다.

흘림체

순우리말 '사' 쓰기

생청 생청

생청 억지로 쓰는 떼

설낏 설낏

설낏 소의 볼기에 붙은 고기

성금 성금

성금 말이나 일의 보람이나 효력

속종 속종

속종 마음속에 품은 소견

사위다 사위다

사위다 불이 사그라져서 재가 되다.

삼진날 삼진날

삼짇날 음력 3월 초사흗날(초하룻날부터 세어 셋째 되는 날)

상고대 상고대

상고대 나무나 풀에 내려 눈처럼 된 서리

샛 바 람 샛 바 람

샛바람 뱃사람들의 은어로, '동풍'을 이르는 말

설 피 다 설 피 다

설피다 짜거나 엮은 것이 거칠고 성기다.

숙 지 다 숙 지 다

숙지다 어떤 현상이나 기세 등이 차차 누그러지다.

쌩 이 질 쌩 이 질

쌩이질 한창 바쁠 때 쓸데없는 일로 남을 귀찮게 하는 행동

사 로 자 다
사 로 자 다

사로자다 염려가 되어 마음을 놓지 못하고 조바심 내면서 자다.

소 드 락 질
소 드 락 질

소드락질 남의 재물 등을 빼앗는 행동

소 롱 하 다
소 롱 하 다

소롱하다 재물을 되는대로 아무렇게나 그럭저럭 써 없애다.

흘림체

순우리말 '아' 쓰기

알 짬   알 짬

알짬 여럿 중에서 가장 중요한 내용

암 상   암 상

암상 남을 시기하고 샘을 잘 내는 마음

얼 레   얼 레

얼레 연줄, 낚싯줄 등을 감는 데 쓰는 기구

아 기 집   아 기 집

아기집 '자궁'을 일상적으로 이르는 말

아 니 리   아 니 리

아니리 판소리에서 창을 하는 중간중간에 가락을 붙이지 않고 이야기하듯이 엮어 나가는 사설

어 줍 다   어 줍 다

어줍다 말이나 행동이 익숙지 않아 서투르고 어설프다.

업 시 름   업 시 름

업시름 업신여기어 하는 구박

엉 구 다 엉 구 다

엉구다 여러 가지를 모아 일이 되게 하다.

열 없 다 열 없 다

열없다 좀 겸연쩍고 부끄럽다.

이 울 다 이 울 다

이울다 꽃이나 잎이 시들다.

아 귀 차 다
아 귀 차 다

아귀차다 휘어잡기 어려울 만큼 벅차다.

아 름 드 리
아 름 드 리

아름드리 둘레가 한아름이 넘는 것

야 비 다 리
야 비 다 리

야비다리 보잘것없는 사람이 제 딴에 가장 만족하여 부리는 교만

어 엿 하 다
어 엿 하 다

어엿하다 행동이 거리낌 없이 아주 당당하고 떳떳하다.

안	다	미	하	다
안	다	미	하	다

안다미하다 남의 책임을 맡아 지다.

야	살	스	럽	다
야	살	스	럽	다

야살스럽다 보기에 성질이나 태도가 괴상하고 까다로워 얄밉고 되바라진 데가 있다.

앵	돌	아	지	다
앵	돌	아	지	다

앵돌아지다 노여워서 토라지다.

여	낙	낙	하	다
여	낙	낙	하	다

여낙낙하다 성품이 곱고 부드러우며 상냥하다.

아	리	잠	직	하	다
아	리	잠	직	하	다

아리잠직하다 키가 작고 모습이 얌전하며 어린 티가 있다.

야	지	랑	스	럽	다
야	지	랑	스	럽	다

야지랑스럽다 얄밉도록 능청맞고 천연스럽다.

우	두	망	찰	하	다
우	두	망	찰	하	다

우두망찰하다 정신이 얼떨떨하여 어찌할 바를 모르다.

흘림체

순우리말 '자' 쓰기

잔 질 다　잔 질 다

잔질다 마음이 약하고 하는 짓이 잘다.

자 닝 하 다
자 닝 하 다

자닝하다 애처롭고 불쌍하여 차마 보기 어렵다.

재 우 치 다
재 우 치 다

재우치다 빨리 몰아치거나 재촉하다.

저 어 하 다
저 어 하 다

저어하다 (1) 염려하거나 두려워하다. (2) 익숙하지 않아 서먹서먹하다.

조 라 떨 다
조 라 떨 다

조라떨다 일을 망치도록 경망스럽게 굴다.

주 전 부 리
주 전 부 리

주전부리 때를 가리지 아니하고 군음식을 자꾸 먹음. 또는 그런 입버릇

줏 대 잡 이
줏 대 잡 이

줏대잡이 중심이 되는 사람

흘림체

순우리말 '차, 카, 타, 파' 쓰기

초 들 다 초 들 다

초들다 어떤 사실을 입에 올려서 말하다.

치 신 없 다
치 신 없 다

치신없다 말이나 행동이 경솔하여 위엄이나 신망이 없다.

코 숭 이 코 숭 이

코숭이 산줄기의 끝

타 내 다 타 내 다

타내다 남의 잘못이나 결함을 드러내어 탓하다.

톡 탁 치 다
톡 탁 치 다

톡탁치다 옳고 그름을 가리지 않고 모두 쓸어 없애다.

파 잡 다 파 잡 다

파잡다 결점을 들추어내다.

푼 푼 하 다
푼 푼 하 다

푼푼하다 모자람이 없이 넉넉하다.

흘림체
순우리말 '하' 쓰기

하	냥	다	짐
하	냥	다	짐

하냥다짐 일이 잘 되지 못했을 때는 목을 베는 형벌을 받겠다는 다짐

허	닥	하	다
허	닥	하	다

허닥하다 모아 둔 물건이나 돈 등을 헐어서 쓰기 시작하다.

허	룩	하	다
허	룩	하	다

허룩하다 줄거나 없어져서 적다.

후	출	하	다
후	출	하	다

후출하다 배 속이 비어서 매우 출출하다.

훈	감	하	다
훈	감	하	다

훈감하다 맛이 진하고 냄새가 좋다.

허	룽	거	리	다
허	룽	거	리	다

허룽거리다 말이나 행동을 다부지게 하지 못하고 실없이 자꾸 가볍고 들뜨게 하다.

허	섭	스	레	기
허	섭	스	레	기

허섭스레기 좋은 것이 빠지고 난 뒤에 남은 허름한 물건

흘림체
우리 속담 따라 쓰기

글자 크기 : 세로 7mm

가는 날이 장날이다

가는 날이 장날이다

생각지도 않은 일이 우연히 들어맞을 때

가는 말이 고와야 오는 말이 곱다

가는 말이 고와야 오는 말이 곱다.

내가 남에게 좋게 대해야 남도 나에게 좋게 대한다.

가는 토끼 잡으려다 잡은 토끼 놓친다

가는 토끼 잡으려다 잡은 토끼 놓친다

욕심 부리려다 이룬 것마저 실패하기 쉽다.

가랑비에 옷 젖는 줄 모른다

가랑비에 옷 젖는 줄 모른다

사소한 일도 거듭되면 무시하지 못할 정도로 커진다.

겨 묻은 개가 똥 묻은 개 나무란다

겨 묻은 개가 똥 묻은 개 나무란다

나의 결함은 못 보고 남의 약점만 캔다.

구슬이 서 말이라도 꿰어야 보배다

구슬이 서 말이라도 꿰어야 보배다

무엇이든지 다듬고 쓸모 있게 만들어야 값진 보배가 된다.

깊은 물이라야 큰 고기가 논다

깊은 물이라야 큰 고기가 논다

큰 포부를 가진 사람이 큰일도 하고 성공도 한다.

남의 잔치에 감 놓아라 배 놓아라 한다

남의 잔치에 감 놓아라 배 놓아라 한다

쓸데없이 남의 일에 간섭한다.

낮말은 새가 듣고 밤말은 쥐가 듣는다

낮말은 새가 듣고 밤말은 쥐가 듣는다

어디서든지 말조심해야 한다.

늦게 배운 도둑질이 날 새는 줄 모른다

늦게 배운 도둑질이 날 새는 줄 모른다

늦게 배운 일에 열중하는 모습

닭 잡아먹고 오리발 내어놓는다

닭 잡아먹고 오리발 내어놓는다

자기가 한 일을 감추고 모면하려고 한다.

물은 건너 봐야 알고 사람은 지내봐야 안다

물은 건너 봐야 알고 사람은 지내봐야 안다

사람은 겉으로는 그 속을 알지 못해서 실제 겪어 봐야 안다.

바늘구멍으로 하늘 보기

바늘구멍으로 하늘 보기

전체를 보지 못하는 좁은 소견이나 관찰을 비꼼

비 온 뒤에 땅이 굳어진다

비 온 뒤에 땅이 굳어진다

풍파를 겪고 나야 더욱 단단해진다.

벼룩도 낯짝이 있다

벼룩도 낯짝이 있다

뻔뻔한 사람을 나타냄

빛 좋은 개살구

빛 좋은 개살구

겉만 좋고 실속이 없다.

사공이 많으면 배가 산으로 간다

사공이 많으면 배가 산으로 간다

여러 사람들이 자기만 옳다고 내세우면 일이 제대로 되지 않는다.

새 옷도 두드리면 먼지 난다

새 옷도 두드리면 먼지 난다

소경이 개천 나무란다

소경이 개천 나무란다

청렴한 사람도 자세히 살펴보면 부정이 있다.

나의 잘못은 생각지 않고 남만 원망한다.

신선놀음에 도낏자루 썩는 줄 모른다

신선놀음에 도낏자루 썩는 줄 모른다

아주 재미있는 일에 정신 팔려 시간 가는 줄 모른다.

아무리 바빠도 바늘허리 매어 못 쓴다

아무리 바빠도 바늘허리 매어 못 쓴다

아무리 바쁜 일도 순서를 밟아야 한다.

양반은 물에 빠져도 개헤엄은 안 친다

양반은 물에 빠져도 개헤엄은 안 친다

아무리 위급해도 체면을 유지하려고 한다.

염불에는 마음 없고 잿밥에만 마음 있다

염불에는 마음 없고 잿밥에만 마음 있다

마땅히 할 일에는 정성이 없고 다른 곳에 마음을 둔다.

오르지 못할 나무는 쳐다보지도 마라

오르지 못할 나무는 쳐다보지도 마라

안 될 일은 처음부터 시작하지도 말라.

윗물이 맑아야 아랫물이 맑다

윗물이 맑아야 아랫물이 맑다

윗사람의 행동이 깨끗해야 아랫사람도 행동이 바르다.

자루 속 송곳은 빠져나오게 마련이다

자루 속 송곳은 빠져나오게 마련이다

남이 알지 못하게 아무리 숨겨도 드러날 것은 저절로 드러난다.

잘 되면 제 탓이요, 못되면 조상 탓이다

잘 되면 제 탓이요, 못되면 조상 탓이다

일이 잘 되면 자기가 잘해서이고 일이 잘 못되면 남을 원망한다.

장님 코끼리 코 만지기

장님 코끼리 코 만지기

어느 한 부분을 갖고 전체인 것처럼 생각한다.

장대로 하늘 재기

장대로 하늘 재기

가능성이 없는 행동을 한다.

절룩말이 천 리 간다

절룩말이 천 리 간다

아무리 약한 사람도 꾸준히 노력하면 무슨 일이든지 할 수 있다.

접시 물에 빠져 죽는다

접시 물에 빠져 죽는다

하찮다고 생각한 것에 큰 피해를 입는다.

집에서 새는 바가지는 들에 가도 샌다

집에서 새는 바가지는 들에 가도 샌다

천성이 못된 사람은 어딜 가나 그 성품을 고치기 어렵다.

찬물도 위아래가 있다

찬물도 위아래가 있다

무슨 일이든지 순서가 있다.

첫술에 배부르랴

첫술에 배부르랴

어떤 일이든 한 번에 만족할 수 없다.

콩 심은 데 콩 나고 팥 심은 데 팥 난다

콩 심은 데 콩 나고 팥 심은 데 팥 난다

모든 일에는 원인에 맞는 결과가 따른다.

토끼를 다 잡으면 사냥개를 삶는다

토끼를 다 잡으면 사냥개를 삶는다

필요할 때는 소중히 여기지만 필요 없어지면 없애 버린다.

터진 꽈리 보듯 한다

터진 꽈리 보듯 한다

티끌 모아 태산

티끌 모아 태산

누구도 중요하게 생각하지 않는다.

적은 것도 쌓이면 많아진다.

평양 감사도 저 싫으면 그만이다

평양 감사도 저 싫으면 그만이다

아무리 좋은 일자리도 하기 싫으면 억지로 시킬 수 없다.

하늘 보고 침 뱉기

하늘 보고 침 뱉기

하늘을 봐야 별도 딴다

하늘을 봐야 별도 딴다

남을 해치려다 자기가 당한다.

노력과 준비가 있어야 보람을 얻는다.

한강에 돌 던지기

한강에 돌 던지기

한 술 밥에 배부르랴

한 술 밥에 배부르랴

너무 작아 전혀 효과가 없다.

어떤 일이든지 처음에는 기대만큼 성과를 얻기 힘들다.

흘림체

김영랑 님의 '돌담에 속삭이는 햇발' 따라 쓰기

글자 크기 : 세로 7mm

돌담에 속삭이는 햇발같이 / 풀 아래 웃음짓는 샘물같이

돌담에 속삭이는 햇발같이 / 풀 아래 웃음짓는 샘물같이

내 마음 고요히 고운 봄 길 위에 / 오늘 하루 하늘을 우러르고 싶다

내 마음 고요히 고운 봄 길 위에 / 오늘 하루 하늘을 우러르고 싶다

새악시 볼에 떠오는 부끄럼같이 / 시의 가슴 살포시 젖는 물결같이

새악시 볼에 떠오는 부끄럼같이 / 시의 가슴 살포시 젖는 물결같이

보드레한 에메랄드 얇게 흐르는 / 실비단 하늘을 바라보고 싶다

보드레한 에메랄드 얇게 흐르는 / 실비단 하늘을 바라보고 싶다

흘림체

김영랑 님의 '숲 향기 숨길' 따라 쓰기

숲 향기 숨길을 가로막았소
발 끝에 구슬이 깨이어지고
달 따라 들길을 걸어다니다
하룻밤 여름을 새워 버렸소

흘림체

김영랑 님의 '다정히도 불어오는 바람' 따라 쓰기

다정히도 불어오는 바람이길래

내 숨결 가볍게 실어 보냈지

하늘갓을 스치고 휘도는 바람

어이면 한숨을 몰아다 주오

흘림체

새해 인사말 따라 쓰기

새해에는
행운과 평안이
가득하기를
기원합니다.

새해에는
소망하는 일
모두 이루세요!

한 해 동안
베풀어 주신 은혜
감사합니다.
새해 복 많이 받으세요.

생일 축하 인사말 따라 쓰기

생일 축하드리고
소중한 사람들과
즐겁고 행복한
하루 보내세요.

일 년 중
가장 특별한 오늘,
당신의 생일을
축하합니다.

사랑하는
당신의 생일
기억에 남는
행복한 하루 보내세요.

예쁜 손글씨에
아름다운 시를 더하다

윤동주, 김소월, 정지용, 권태응, 김영랑, 이육사, 이상화, 한용운
128쪽 | 가격 8,500원

시를 필사하는 시간이
당신에게는 어떻게 다가오게 될까요?

시는 여러 감정을 끌어올리고, 조용한 가슴에 울림을 주고 창작의 힘을 길러 줍니다. 시를 필사하는 시간은 그냥 흘려보내는 시간이 아니라 단어와 단어 사이의 호흡과 문장의 의미를 알아가며 지금 내가 수십 년 전 천재 시인들의 속마음을 들여다보는 귀중한 시간이 됩니다. 지금 이 시대에 읽어도 그분들이 들려주는 이야기는 우리 마음의 울림통에 번개가 치듯 큰 감동을 줍니다. 시를 필사하는 동안 손글씨 쓰는 연습은 덤입니다.

김정희 외 4인의
한시 24수

김정희, 이황, 정약용, 김시습, 한용운
128쪽 | 가격 8,500원

잠깐 맑았다 다시 비 오네 [乍晴]
― 김시습 ―

花開花謝春何管
雲去雲來山不爭
寄語世人須記認
取歡無處得平生
꽃이 피고 진들 봄이 어찌 상관하겠는가
구름이 오고 가도 산은 다투지 않는다
세상 사람에게 말하노니 모름지기 새겨 알아 두오
기쁨을 취한들 평생은 얻을 수 없음을

도서출판 큰그림에서는 역량 있는 저자분들의 원고 투고를 기다리고 있습니다.
big_picture_41@naver.com